# LONDON

## Reisen, Raten & Entdecken für KIDS

Der spannende City-Guide
mit kniffeligem Rätselspaß und
Tipps für junge Globetrotter!

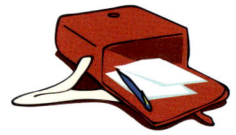

# Inhalt:

# Kennst du die Farben?

Male die britische Flagge in den richtigen Farben aus:

## Woher kommst du?

Male die Flagge deines Heimatlandes dazu:

# Noch eine wichtige Information!

In Österreich bezahlen wir in Euro. Dies gilt auch für die meisten anderen Länder der EU.

## money – some phrases

| | |
|---|---|
| **money** | Geld |
| **How much is it?** | Wieviel kostet es? |
| **expensive** | teuer |
| **cheap** | billig |
| **change money** | Geld wechseln |
| **the bill please** | Die Rechnung, bitte! |

**Ach ja!**
Hier kann ich nicht mit
Euros bezahlen ...

## Und jetzt kommt es!

In Großbritannien verwendet man eine andere
Währung. Diese Währung heißt **Pfund Sterling**
oder **GBP (Great Britain Pound)**.

## Das heißt, du musst Geld wechseln!
Und so schaut diese Währung aus:

# London - Underground

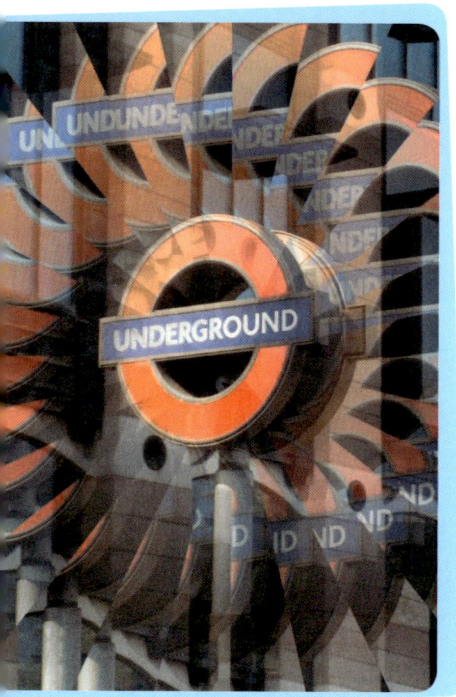

**Die Londoner U-Bahn** ist das älteste und längste U-Bahn Netz der Welt. Die ersten Strecken wurden am **24. Dezember 1868 eröffnet**.

Die U-Bahn erschließt die Hauptstadt und einige angrenzende Gebiete. Sie wird auch **„Tube"** genannt, weil die Züge vorwiegend in langen Röhren fahren.

Zurzeit gibt es **274 Stationen** und die Länge des Netzes ist **408 km**. Täglich fahren ca. **2, 8 Mio Fahrgäste** mit den unterschiedlichen Linien.

# Kennst du die Antwort?

Suche einen U-Bahnplan und beantworte die Fragen.

Wie viele U-Bahn Linien zählst du?

..................................................................................

Wie viele Zonen kannst du unterscheiden?

..................................................................................

## some phrases

| | |
|---|---|
| **ticket** | Fahrkarte |
| **underground map** | U-Bahnplan |
| **How can I get to ...?** | Wie komme ich zu ...? |
| **Where can I buy a ticket?** | Wo kann ich eine Fahrkarte kaufen? |
| **Is this the right stop?** | Ist das die richtige Haltestelle? |

# Unterwegs in London ...

Lilli! Wir könnten den Bus nehmen!

## Eine Fahrt mit dem Bus ...

Auf jeden Fall lohnt sich eine Fahrt mit den berühmten Doppeldecker-Bussen durch London. Es gibt heute
leider nur mehr wenige traditionelle Busse des Typs
„Routemaster", die seit 2005 nur noch als Touristenat-
traktion auf zwei Linien im Stadtzentrum verkehren.
Die meisten anderen wurden bereits durch moderne
Modelle in Niederflurtechnik ersetzt.

## ... und eine Fahrt mit dem „Black Cab"

Die traditionellen schwarzen Taxis – „Black Cab" genannt, sind aus dem Straßenbild Londons nicht weg-
zudenken. Bis zu 300.000 Fahrten werden damit pro
Tag in London durchgeführt. Wenn das gelbe Taxi-Zei-
chen am Auto vorne leuchtet, dann kann man das Taxi
heranwinken – es ist frei. Bis zu 5 Personen dürfen in
den geräumigen Autos mitfahren.

# Denksport

**Stufe 2**

| 7 | 2 | 3 |   |   |   | 1 | 5 | 9 |
|---|---|---|---|---|---|---|---|---|
| 6 |   |   | 3 |   | 2 |   |   | 8 |
| 8 |   |   |   | 1 |   |   |   | 2 |
|   | 7 |   | 6 | 5 | 4 |   | 2 |   |
|   |   | 4 | 2 |   | 7 | 3 |   |   |
|   | 5 |   | 9 | 3 | 1 |   | 4 |   |
| 5 |   |   |   | 7 |   |   |   | 3 |
| 4 |   |   | 1 |   | 3 |   |   | 6 |
| 9 | 3 | 2 |   |   |   | 7 | 1 | 4 |

# Buckingham Palace

Der Buckingham Palace ist der **offizielle Sitz der englischen Könige** in London. Wenn Königin **Elisabeth II** in London ist, dann weht die königliche Standarte am Dach. Wenn sie nicht da ist, dann weht nur der Union Jack. Im Palast werden auch die offiziellen Anlässe abgehalten.

Dafür gibt es den **State Ballroom**, den Thronsaal. Die Queen hat **12 Räume**, die ihr zur Verfügung stehen. Im Palast arbeiten rund **300 Angestellte**, der Queen und dem Duke of Edinburgh (ihrem Mann) stehen 50 Bedienstete zur Verfügung.

# Kennst du die Antwort?

Wer bewacht die Königin?

..................................................................................

Wie heißt die Mütze, die die Wachen auf dem Kopf tragen?

..................................................................................

*Ob ich ihn wohl zum Lachen bringen kann?*

Die Männer, die den Buckingham Palace bewachen sind aktive Soldaten. Sie sind die Elitesoldaten der britischen Armee. Seit 1485 bewachen sie die englischen Herrscher.
Das beste Foto kannst du bei der Horseguards Parade oder bei White Hall machen. Da kommst du ganz nah an die Soldaten heran.

*I think there is no chance!*

# Hyde Park/ Hyde Park Corner

**Man zählt acht königliche Parks; St James Park, Green Park, Hyde Park, Kensington Gardens; Richmond Park, Greenwich Park, Greenwich Park & Primrose Hill und Bushy Park.**

Die Parks in der Stadt bieten den Londonern Fläche zum Ausruhen, Picknicken und zum Laufen. Sie sind die „grüne Lunge" der Stadt.

Der größte Park Londons ist der Hyde Park, der **1637** von Karl I das erste Mal der Öffentlichkeit zugänglich gemacht wurde. Davor diente er als Jagdgebiet der Könige.

Im Hyde Park wird Tennis gespielt, geritten, Tai Chi praktiziert. Hunderte Jogger, Roller Blader und Radfahrer nutzen den Park und am südlichen Ende des Parks kann man auf dem künstlichen See „The Serpentine" Boot fahren oder im Sommer schwimmen.

Doch besonders berühmt ist der Park wegen **des sogenannten Speakers Corner**. Im 19 Jhdt. wurde der Park zu einem beliebten Treffpunkt der Londoner. Die Leute suchten in Folge von politischen Unruhen und Versammlungsverboten einen öffentlichen Platz, wo sie frei sprechen durften. Wichtige Persönlichkeiten der Geschichte wie Karl Marx, Vladimir Lenin oder George Orwell nutzten den Speakers Corner, um ihre Ideen zu verbreiten.

Go and buy yourself something to drink.

So viel Mut gehört auch belohnt!

Seit dieser Zeit stehen jeden Sonntag Menschen, die etwas bewegt und die etwas der Öffentlichkeit mitteilen wollen, auf Kisten und reden zu aktuellen Themen aus Politik, Religion, Wirtschaft und vielem mehr. Sie werden von ihrem Publikum angestachelt, unterbrochen oder ausgelacht.
Am südöstlichen Teil liegt **Hyde Park Corner**, ein großer und sehr belebter Kreisverkehr mit unzähligen Denkmälern.

Die großen Straßen Park Lane, Grosvenor Place, Piccadilly, Knightsbridge und Constitution Hill kreuzen sich hier. Die vielen Fußgängerunterführungen führen einen sicher von einem Denkmal zum anderen. Dem ersten Herzog von Wellington, Arthur Wellesley, er wohnte in Apsley House, wurden gleich zwei Denkmäler hier errichtet: der **Wellington Arch** und die **Wellington Statue**. Der Wellington Arch wird auch Constitution Arch genannt und wurde zur Feier seines Sieges bei Waterloo über Napoleon errichtet.

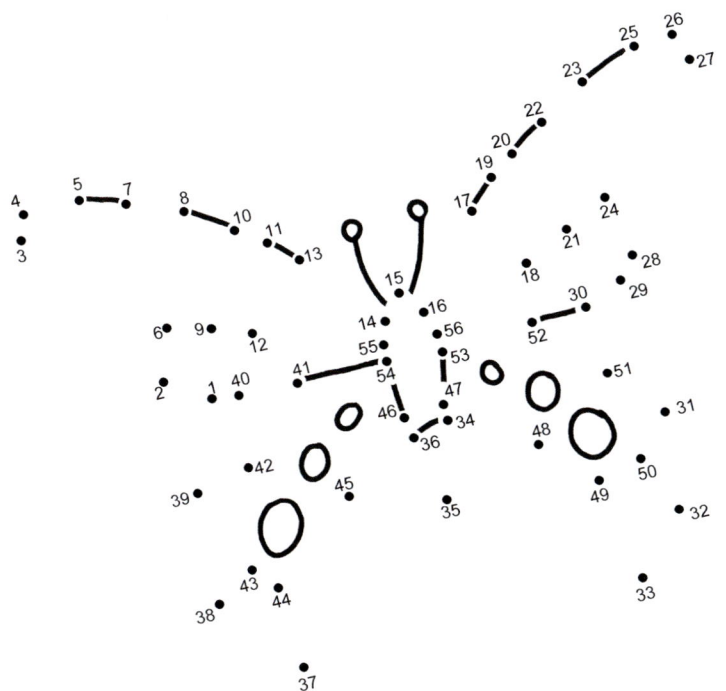

# Kennst du die Antwort?

Finde noch weitere Denkmäler:

1. ........................................................................

2. ........................................................................

3. ........................................................................

# St James Park

Der Park liegt im Zentrum der Londoner Politik. Man sieht die Türme von Whitehall, den Buckingham Palace, und die Horse Guards Parade ist in unmittelbarer Nähe. Auf der anderen Seite der Mall steht der namensgebende St James Palace.

Viele Millionen von Touristen besuchen jedes Jahr, den ältesten der 8 königlichen Parks. Jährlich findet hier das **Trooping the Colour**, eine Parade zu Ehren der Königin statt. Die vielen Blumenbeete und Grünflächen laden zum Ausruhen ein. Im Sommer kann man Liegestühle mieten, die auf dem perfekten englischen Rasen stehen.

# Horse Guards Parade

Horse Guards Parade ist der **größte öffentliche Platz in London** und grenzt im Westen an den St. James Park.
Die übrigen Seiten sind von dem **Old Admirality Building**, an der Ostseite von den **Horse Guards** und im Süden von der Schatzkanzlei, der sogenannten **HM Treasury** begrenzt. Auf der Rückseite dieses Gebäudes hat der Premierminister seinen Amts- und Wohnsitz: **Downing Street 10**

# Kennst du die Antwort ...

Was bezeichnet man als Trooping the Colour?

......................................................................................

..............................................................................

Was ist changing of the guards?

.............................................................................

# Downing Street 10

Sir George Downing schenkte sein Haus 1732 Sir Robert Walpole. Seitdem ist Downing Street 10 der offizielle Sitz des englischen Premierministers.

*Come on, let's use the map to find Downing Street 10!*

## Kennst du die Antwort ...

Wie heißt der jetzige englische Premierminister oder die Premierministerin?

...................................................................................

...........................................................................

Kannst du noch ein paar andere nennen?

.......................................................................

.......................................................................

.......................................................................

# Trafalgar Square

Der **Trafalgar Square** ist der größte Platz im Zentrum von London und seit dem Mittelalter ein zentraler Treffpunkt. Hier feiern die Engländer ihre Siege. In der Mitte des Platzes steht ein Denkmal, das die Engländer **Admiral Nelson** als Dank für den Sieg bei Trafalgar setzten.

Die Säule mit dem Admiral an ihrer Spitze ist **55 Meter hoch**, genauso hoch wie Nelsons Flaggschiff HMS Victory vom Kiel bis zur Mastspitze.

## Kennst du die Antwort?

Was bedeutet HMS?

# Die City of London

Die City ist das **Wirtschafts- und Finanzzentrum** Londons. Sie ist dort angesiedelt, wo einst die römische Siedlung  Londinium war. Heute gibt es hier **fast nur noch Büros von großen Banken und internationalen Institutionen**. Haben im Jahr 1700 noch ca. 210.000 Menschen dort gewohnt, so sind es heute nur noch ca. 7.000. Aber untertags sind sicher bis zu 250.000 Personen in der City.

Eine **große Zahl an Kirchen** erinnert an die Zeit, als die City noch eines der Hauptwohnviertel Londons war. Ihr wichtigster Architekt war Christopher Wren, der wohl der größte und produktivste Baumeister Englands seiner Zeit war.

Findest du die Wörter?

| W | T | W | E | F | G | H | L | O | R | R | N |
|---|---|---|---|---|---|---|---|---|---|---|---|
| W | O | H | Y | D | E | P | A | R | K | E | R |
| I | W | E | S | T | M | I | N | S | T | E | R |
| N | E | I | N | F | U | W | L | Z | G | E | S |
| D | R | T | R | A | N | A | H | J | R | N | S |
| S | T | Z | A | S | N | T | I | M | E | S | T |
| O | O | B | M | T | H | E | M | S | E | H | P |
| R | C | S | D | I | M | R | A | E | N | E | A |
| P | I | C | A | D | I | L | L | Y | P | I | U |
| C | T | W | E | R | G | O | E | R | A | N | L |
| V | Y | I | H | J | K | O | A | F | R | H | R |
| T | R | A | F | A | L | G | A | R | K | D | T |

Waterloo  Hydepark  Windsor  St. Paul

Tower  City  Times  Trafalgar

Westminster  Themse  Greenpark  Picadilly

# Der große Brand

Der **Sommer des Jahres 1666** war heiß und trocken. Die Menschen fürchteten sich vor der Pest, mit der Gefahr des Feuers lebten sie täglich. Die glühenden Kohlen wurden in Kübeln von Haus zu Haus transportiert. Die Feuer wurden in der Nacht oft unbeaufsichtigt gelassen.

So überrascht es nicht, dass auch am 2. September 1666 wieder einmal ein Feuer in einer Backstube in der Pudding Lane nahe dem Themseufer ausbrach. **Was als kleines Feuer begann, zerstörte innerhalb von 3 Tagen den Großteil der Stadt.** Die meisten Häuser waren aus Holz und standen eng zusammen. Ein starker Wind verbreitete die Feuersbrunst in alle Richtungen. Die Löschversuche mit Ledereimern scheiterten kläglich.

Wie gut, dass wir heute überall elektrischen Strom haben.

Ja, obwohl so ein knisterndes Kaminfeuer doch sehr romantisch ist?

Als am 5. September 1666 das Feuer unter Kontrolle war, hatte der Brand 13.200 Häuser, 87 Kirchen, darunter die alte Kathedrale und das berüchtigte Gefängnis von Newgate zerstört. Mehr als 100.000 hatten kein Dach mehr über dem Kopf!

Sehr rasch machte man sich an den Wiederaufbau, der vor allen Dingen von Sir Christopher Wren geplant worden ist. Als **Erinnerung an den großen Brand** wurde auch ein **Denkmal** erbaut, das genau 61 Meter von der Stelle entfernt steht, wo der Brand ausgebrochen ist. Es ist auch genau 61 Meter hoch!

# St. Paul's Cathedral

Nach dem großen Brand war von der alten Kathedrale nur noch Asche übrig. So plante der Architekt Wren eine neue, größere Kirche. Die imposante **Kuppel** ist nach der Kuppel vom Petersdom in Rom die **zweitgrößte der Welt**.

Sie hat eine ganz besondere Akustik und verfügt über eine **„Whisper gallery"**. Wenn du auf einer Seite der Kuppel stehst, kannst du hören, was dir von der anderen Seite zugeflüstert wird. Allerdings solltest du schwindelfrei sein und gut zu Fuß: 259 Stufen gilt es zu überwinden.

Auf dem Dach der Kuppel in 111 Meter Höhe steht die Laterne, die 850 Tonnen wiegt.

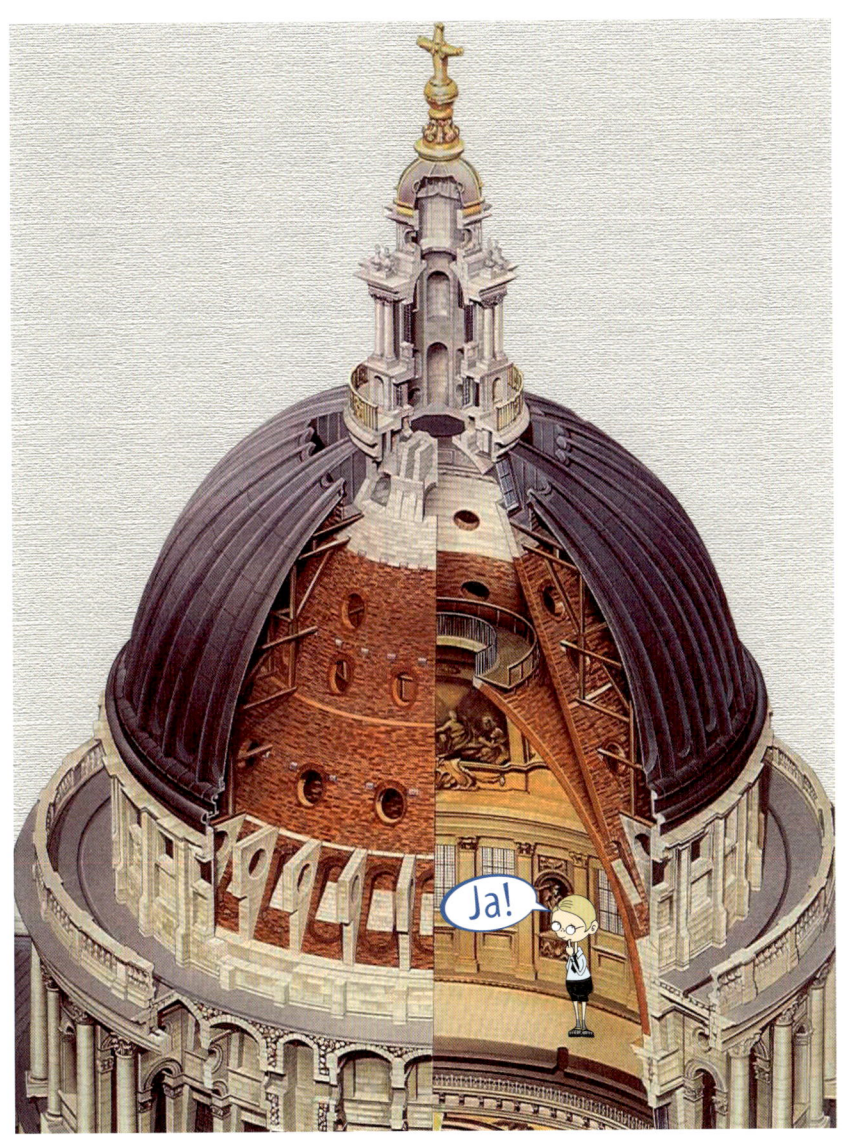

# St Paul's Cathedral

## Kennst du die Antwort?

Viele berühmte Engländer sind hier begraben.

1. ................................................................

2. ................................................................

3. ................................................................

4. ................................................................

5. ................................................................

Was hat Florence Nightingale gemacht?

................................................................

................................................................

................................................................

................................................................

# Sprachen-Kreuzworträtsel:

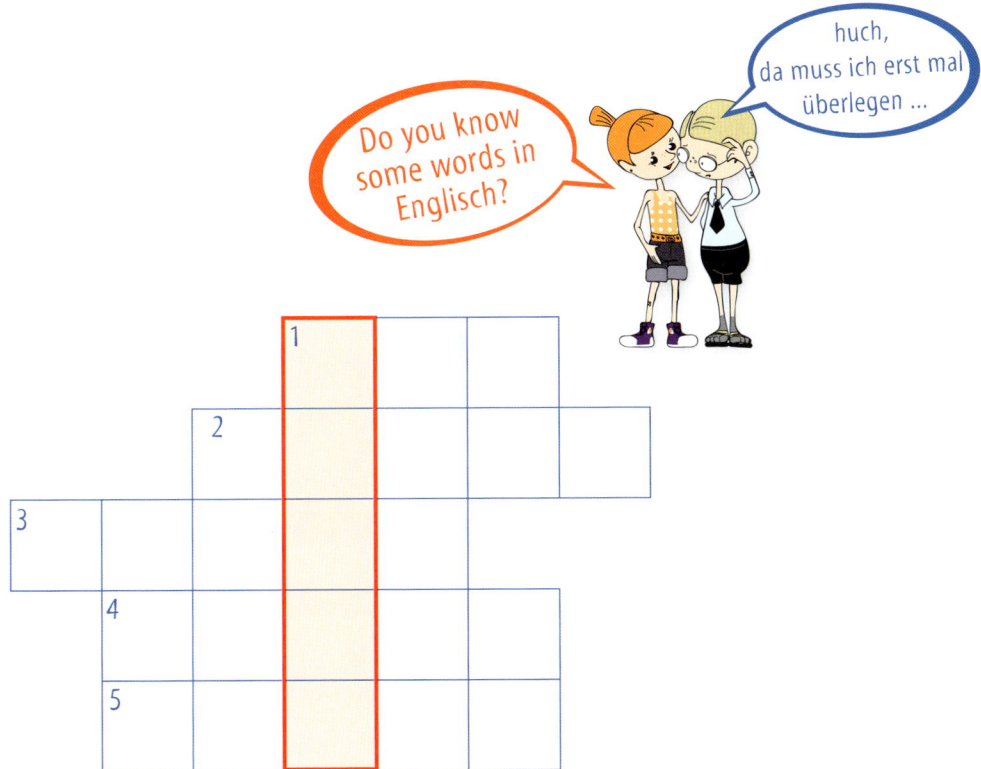

1. Das Wort reimt sich auf „Ben" und heißt auf Deutsch „zehn".
2. Wie heißt die englische Währung?
3. Die Königin und der König dürfen sie auf dem Kopf tragen?
4. So wird die Königin von England genannt?
5. In London gibt es noch eine berittene Polizei. Weißt du schon, was Pferd auf Englisch heißt?

# Houses of Parliament

Seit dem Jahre 1512 ist der **Palace of Westminster** der **Sitz des britischen Parlaments**. Die Engländer haben seit vielen Jahrhunderten zwar einen König oder eine Königin, aber auch immer ein gewähltes Parlament.
Es wird in ein **Ober- und ein Unterhaus** geteilt.
Die Partei mit den meisten gewählten MP (Members of Parliament) bildet die Regierung.

Die Mitglieder des Oberhauses werden Peers genannt.

**Big Ben**, die riesige Glocke, läutet zur vollen Stunde, vier kleine Glocken jeweils zu jeder Viertelstunde.

Big Ben läutet im
Uhrturm der Houses
of Parliament

# Westminster Abbey

Könige und Königinnen, Staatsmänner und Soldaten, Poeten und Priester, Helden und normale Sterbliche sind in dieser Kirche und Abtei begraben. Alles in allem zählen wir mehr als **3.000 Gräber und 600 Denkmäler**. Auch der **Krönungssessel**, der seit 1301 für alle Krönungen verwendet worden ist, kann hier bewundert werden. Seit 1066 wurden alle englischen Könige hier gekrönt.

## Kennst du die Antwort?

Wie hieß der erste König, der hier gekrönt wurde?

......................................................................................

Wie hieß der oder die letzte König/in, die hier gekrönt wurde?

......................................................................................

# National Gallery und National Portrait Gallery

Die königliche Sammlung umfasst **mehr als 2.300 Gemälde**, die hauptsächlich die Niederländische Malerei beschreiben.
Viel spannender ist die Portrait Gallery, die zu den **historischen Persönlichkeiten der englischen Geschichte** ein Gesicht bietet.

Max – look at this painting!

## Kennst du die Antwort?

Wie heißen die beiden Töchter von Heinrich VIII?

..................................................................................

Welche englische Königin regierte fast das ganze 19. Jahrhundert?

..................................................................

# Was weißt du von Heinrich VIII?

Heinrich wurde als zweiter Sohn von Heinrich VII geboren. **1509** wurde er zum **König von England** gekrönt. Er war am Anfang seiner Regierungszeit sehr beliebt, hatte ein charmantes Wesen und sah sehr gut aus. Er versammelte viele berühmte Künstler um sich, unter anderem Hans Holbein, der viele Portraits von ihm anfertigte.
Heinrich war ein **großer Renaissancefürst**, er war ein Lebemensch, aß gerne gut und war ziemlich maßlos. Als er sich von seiner ersten Frau scheiden lassen wollte, zerstritt er sich mit dem Papst und **gründete eine neue Kirche**.

Seitdem gibt es die **anglikanische Kirche**. Er heiratete ein zweites Mal und dann ein drittes Mal und ein viertes Mal .... **Insgesamt war er 6 Mal verheiratet**. Er wollte immer einen männlichen Thronfolger, es wurde ihm aber nur ein Sohn geboren. Die zwei Töchter beachtete er nicht.

König Heinrich VIII galt als besonders
schöner Mann in seiner Zeit.

# Heinrich VIII

## Kennst du die Antwort?

Vielleicht kannst du ja die Namen aller seiner Frauen herausfinden!

1. ........................................................................

2. ........................................................................

3. ........................................................................

4. ........................................................................

5. ........................................................................

6. ........................................................................

Anna Boleyn war die zweite Frau von Heinrich VIII. Sie war Hofdame von Königin Katharina und die Mutter von Elizabeth I.

# British Museum

**Eröffnung: 1753** gegründet von Sir Hans Sloane. Es ist das **älteste Museum der Welt**.
Die Schätze des Museums decken 2 Millionen Jahre ab. Die Gänge durch das Museum sind 4 Kilometer lang.
**Fläche:** 75.000 m², das ist so groß wie 9 Fußball-felder
**Zahl der Kunstwerke:** 8 Millionen Schaustücke

## Auf den Spuren der Geschichte

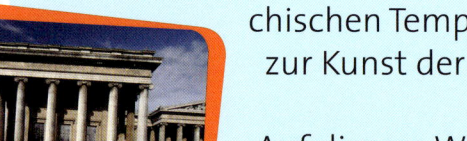

Im Britischen Museum beginnt die Wanderung bei den Dinosauriern und führt durch einen echten grie-chischen Tempel bis zur Kunst der Moderne.

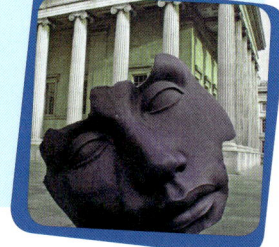

Auf diesem Weg werden dich auch keltische Uniformen und Waffen begeistern und viel-leicht kannst du das größte Rätsel der Antike lösen. Ein kleiner Tipp dazu – der Stein von Rosetta wird dir dabei helfen.

# Kennst du die Antwort?

Finde andere berühmte Kunstwerke
im British Museum.

Nenne einige  und wie heißen die Künstler?

..................................................................................

..........................................................................................

..................................................................................


Welche antike Schrift konnte man durch den Stein von
Rosetta endlich entziffern?

...........................................................................................


Wer hat den Code geknackt?

1. Jean Champignon          ❏
2. François Steinpilz          ❏
3. Jean- François Champollion  ❏

# Der Tower

Am Nordufer der Themse befindet sich der Tower von London, eine Festung, **königlicher Palast und ein Gefängnis**, das über Jahrhunderte Angst und Schrecken symbolisierte. **Dunkle Geheimnisse, funkelnde Edelsteine und Schätze** kann man in dieser über 1000 Jahre alten Festung entdecken.

Es war üblich, dass der Monarch in der Nacht vor der Krönung im Tower übernachtete und dann in feierlichem Zug durch die Stadt nach Westminster zur Krönung ritt.

Die **berühmtesten Bewohner des Towers** sind die **Raben.** Niemand weiß, wann sich hier erstmals Vögel ansiedelten, doch eine Legende besagt, dass das Königreich untergehen wird, wenn sie den Tower verlassen. Deshalb hat König Karl II ihnen nicht nur die Flügel gestutzt, sondern ihnen auch einen **eigenen Rabenhüter** beiseite gestellt.

## Kronjuwelen

Im Tower befinden sich eine große Waffensammlung und viele andere Dinge, die du entdecken kannst. Heute werden im Tower die Kronjuwelen aufbewahrt.

Lilly, können wir uns mit den Wachen fotografieren lassen?

Of course!

# Der Tower

## Kennst du die Antwort?

Durch welches Tor wurden die Verbrecher
in den Tower gebracht?

.......................................................................................

Kannst du das Geheimnis des Bloody Towers lösen?

...............................................................................

...............................................................................

In welcher Krone ist der Koh I Noor verarbeitet?

..............................................................................

Wem gehörte die kleinste Krone in der Sammlung?

..........................................................................

Kannst du alle Insignien
für den britischen Monarchen nennen?

1. ...................................................................

2. ...................................................................

3. ...................................................................

Finde den Namen der Königin, die dort geköpft wurde.

................................................

................................................

Die Beefeaters sperren den Tower jeden Tag auf und zu. Um 7 Minuten vor 22 Uhr beginnen sie mit der Schlüsselzeremonie.

# Tower Bridge

Bis ins 19. Jahrhundert war die London Bridge die einzige Brücke über die Themse. Da die Bevölkerung von London immer mehr zunahm, entschied man sich, eine weitere Brücke über die Themse zu bauen. Über 50 Entwürfe wurden eingereicht. Der Architekt hieß Horace Jones. Acht Jahre arbeiteten 450 Arbeiter am Bau der Brücke. 11.000 Tonnen Stahl sind in der Brücke verarbeitet. Die Brücke wird auch heute noch mit einem **hydraulischen System** geöffnet, aber es wird seit 1976 mit Benzin und Elektrizität betrieben.

- Die Brücke wurde 1894 eröffnet.
- Man kann auch bei der geöffneten Brücke über die Fußgängerbrücke den Fluss überqueren.
- 311 Stufen führen in den Türmen nach oben.
- Die Brücke wird ca. 500 Mal im Jahr geöffnet.
- Sie wurde zum silbernen Thronjubiläum von Elisabeth II in rot, weiß und blau angestrichen.

## Kennst du die Antwort?

Wie lange ist die Tower Bridge?

...............................................................

# HMS Belfast

Die HMS Belfast ist einer der **letzten existierenden leichten Kreuzer der Royal Navy**, der im zweiten Weltkrieg verwendet worden ist. Auch im Korea Krieg wurde dieses Schiff eingesetzt, um dann in weiterer Folge vor allem in Friedensmissionen im Dienst zu stehen. Das Schiff ist **187 m lang, verfügt über 9 Decks**, davon liegen 6 unter dem Wasserspiegel. Es wird von Turbinen angetrieben, die zusammen 80.000 PS haben und erreicht eine **Höchstgeschwindigkeit von 32 Knoten**.

Die HMS Belfast ist das erste Schiff seit der HMS Victory, das erhalten wurde.

Look Max, how enormous this ship is!

Puh - das ist aber ein großes Schiff!

# Die Themse

Die Themse ist ca. **346 Kilometer** lang. In Kemble startet die Themse ihre Reise durch ganz England, um in der Nordsee zu münden. Es gibt in London viele Brücken, die über die Themse führen.
Die bekannteste ist die Tower Bridge. Im **16. und 17. Jhd.** war die Themse die **wichtigste Verbindung zwischen London und Westminster**. Es gibt über 60 Flussübergänge. Im Jahr 2006 hat sich ein Wal in den Fluss verirrt.

In der Provinz Ontario in **Kanada** gibt es ebenfalls eine Themse, an deren Ufern auch eine Stadt namens London liegt.

## Kennst du die Antwort?

Wer war der Kapitän der HMS Victory?

..................................................................................................

# London Eye

Gondeln: 32
Höhe: 135 Meter
Drehgeschwindigkeit:
0,26 m/s
Dauer für eine Fahrt:
ca. 40 Min.
Antriebsräder: 16

London in knapp 40 Minuten erleben – das geht nur bei einer Fahrt mit dem **Riesenrad „London Eye"**. Am Südufer der Themse gelegen, bieten die hauptsächlich aus Glas bestehenden Gondeln einen fantastischen 360 ° Blick über die Metropole. Im Sommer kann man am Abend den Sonnenuntergang über der City erleben, im Winter glitzern zur selben Uhrzeit bereits Millionen Lichter und verzaubern die Stadt.

Beim Baubeginn 1998 bzw. bei der Planung des Riesenrades wollte man den Betrieb ursprünglich auf 5 Jahre begrenzen. Nach der Eröffnung im März 2000 war jedoch bald klar, dass mit dem „London Eye" ein neues Wahrzeichen für die Stadt geschaffen worden war. Mittlerweile besuchen etwa 3,75 Mio. Besucher jährlich diese Attraktion – mehr Besucher also als z.B. die berühmten Pyramiden von Gizeh in Ägypten.

## Kennst du die Antwort?

Wer waren die Architekten des „London Eyes"?

.......................................................................

.......................................................................

Das London Eye ist **eines der größten Riesenräder der Welt**. Bei gutem Wetter kann man fast 40 km weit sehen – mit etwas Glück sogar bis zum Schloss Windsor.

Max komm fahren wir mit dem Riesenrad!

Puh - das ist aber ziemlich hoch!

# Schloss Windsor

Schloss Windsor ist das größte und älteste noch bewohnte Schloss der Welt. Bis heute haben 39 Monarchen darin gewohnt. Es liegt in einem 10 ha großen Park und man findet dort alles was ein Königsschloss zu bieten hat. In den Prunkräumen auch **State Apartments** genannt, werden heute noch offizielle Staatsempfänge abgehalten. Die gotische St. Georgs Kapelle dient einigen englischen Königen als Grabstätte, darunter sind Edward IV, Henry VI, Henry VIII und Jane Seymour, aus neuerer Zeit George V und Queen Mary.

Am 20. November 1992 zerstörte ein großes Feuer mehr als 100 Räume des Schlosses. Die Restaurierungsarbeiten dauerten 5 Jahre und kosteten mehr als 40 Mio. Pfund.

In dem Schloss findet man aber auch das **größte und berühmteste Puppenhaus der Welt.** Der Architekt Sir Edwin Lutyens plante in den 1920er Jahren diese Nachbildung eines aristokratischen Hauses. Jedes kleinste Detail wurde beachtet, es gibt **fließendes Wasser und Strom**, **wunderbare Möbel** und **sogar einen funktionierenden Aufzug**. Alles in kleinstem Format!

| 4 |   | 2 | 1 |
|---|---|---|---|
| 1 | 2 |   |   |
|   |   |   | 3 |
| 3 | 4 |   |   |

| 2 |   | 4 |   |
|---|---|---|---|
|   |   | 4 | 2 |
|   | 3 |   |   |
| 4 |   |   | 1 |

# Hampton Court Palace

Um Hampton Court Palace südwestlich von London zu erreichen, kann man eine kleine Bootsfahrt entlang der Themse machen. Das **Lieblingsschloss von Heinrich VIII** ist vorwiegend im Tudor Stil gebaut. Es bietet einen Wassergarten, ein großes Labyrinth, eine Hofkapelle und Küchenräume aus dieser Zeit.

## Die Küche von Heinrich VIII

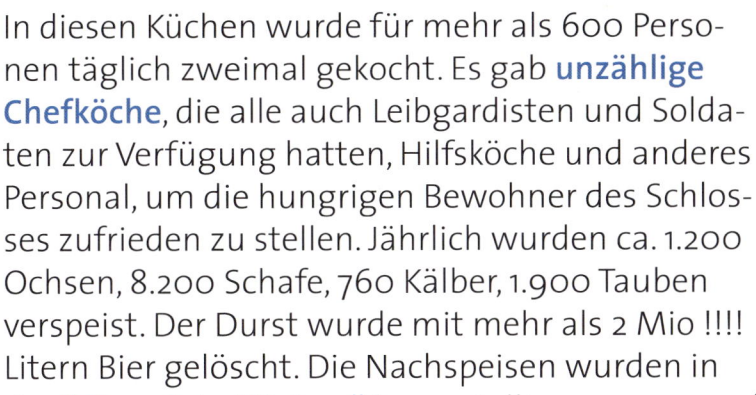

In diesen Küchen wurde für mehr als 600 Personen täglich zweimal gekocht. Es gab **unzählige Chefköche**, die alle auch Leibgardisten und Soldaten zur Verfügung hatten, Hilfsköche und anderes Personal, um die hungrigen Bewohner des Schlosses zufrieden zu stellen. Jährlich wurden ca. 1.200 Ochsen, 8.200 Schafe, 760 Kälber, 1.900 Tauben verspeist. Der Durst wurde mit mehr als 2 Mio !!!! Litern Bier gelöscht. Die Nachspeisen wurden in der **"Chocolate Kitchen"** hergestellt.

# London Shopping

An einem typischen Shoppingtag in London darf ein Besuch bei Harrods, Londons berühmtesten Einkaufszentrum und Hamleys – dem **Paradies für Kinder** – nicht fehlen. Straßenkünstler, Markthallen und kleine Designerläden findet man im lebendigen Viertel Covent Garden.

## Kennst du die Antwort?

Jeder darf bei Harrods einkaufen, allerdings gibt es einen Dresscode (Kleidungsvorschrift). Was ist nicht erlaubt?

.........................................................................................

## Harrods

**Charles Henry Harrod** gründete das Kaufhaus **1834**. Seit 1849 befindet es sich in Knightsbirdge – an der Brompton Road. Ein **schrecklicher Brand zerstörte 1883** das gesamte Gebäude. Doch es wurde wiederaufgebaut und erlangte danach seinen Weltruhm als **eines der exklusivsten und bekanntesten Kaufhäuser der Welt.** Insgesamt findet man Waren aller Art – von Lebensmitteln, über Einrichtungsgegenstände, Kleidung, Spielzeug, etc. – auf einer Fläche von über **90.000 m²**. Beeindruckend sind vor allem die „Food Halls" (Lebensmittel Hallen) im Erdgeschoß, die mit prachtvolle Jugendstil Elementen verziert sind.

Besonders am Abend bietet Harrods auch von außen einen einmaligen Anblick – ca. **12.000 Glühbirnen** lassen die imposante Fassade erstrahlen. Damit das auch immer so funktioniert, tauschen Elektriker täglich ca. 300 Glühbirnen aus.

Bei dir wird der Dresscode kein Problem sein – Max! Bei deinem „Preppy Look"!

## Hamleys

Auf **5 Stockwerken und ca. 5.000 m²** bietet „Hamleys", eines der größten Spielzeuggeschäfte der Welt, alles, was Kinderherzen höher schlagen lässt. Für die „Besichtigung" von „Hamleys" in der Regent Street 188-196 sollte man sich viel Zeit nehmen. Es gibt hier nämlich nicht nur jede Menge zu kaufen, sondern vor allem **unzählige Möglichkeiten, die neuesten Spiele und Spielzeuge auszuprobieren**.

Der Traum eines kleinen Jungen war der Beginn von „Hamleys". **William Hamley**, geboren in Cornwall wollte das **beste Spielzeuggeschäft der Welt** eröffnen. 1760 war es soweit, und sein erste Laden namens „Noah´s Ark" in London öffnete seine Pforten. Im Jahr 1881 wurde dann eine Filiale an der heutigen Hauptadresse in der Regent Street gegründet. Auch die königliche Familie zählt zu den erklärten Fans – daher ist Hamleys auch seit 1938 „königlicher Hoflieferant".

# Covent Garden

Im Gegensatz zu Harrods und Hamleys ist Covent Garden für seine **Freiluft-Cafés, Restaurants, Markt-stände und Boutiquen** berühmt. Täglich ist dort ein reges Treiben von Straßenkünstlern, Touristen, aber auch Einheimischen zu erleben. Ursprünglich war der zentrale Platz Covent Garden im Mittelalter ein Gemüsefeld des in der Nähe befindlichen Klosters St. Peters. Heute befinden sich rund um dieses Zentrum **viele Theater** sowie die **königliche Oper**.

# Was hast du noch alles in London entdeckt?

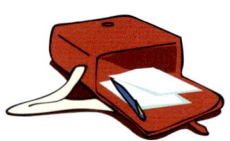

Schreibe es auf, damit wir uns bei deinem nächsten Besuch in dieser Stadt wieder sehen können.

Habt ihr vielleicht auch ein typisch englisches Picknick im Hyde Park gemacht?

Wer war noch mit dir in London:

..............................................................

..............................................................

..............................................................

..............................................................

## Wir wünschen dir auf jeden Fall viel Spaß in dieser tollen Stadt!

Ich bin am ............................. per Flugzeug/ Schiff/ Fähre/Auto nach London gekommen und am ............................. abgereist.

Hallo Lilly, hallo Max!

Schaut mal – hier ist **ein Bild von mir** bei meinem Besuch in London.

# Liste der wichtigsten Museen & Sehenswürdigkeiten

| | | |
|---|---|---|
| 1. | London Eye | ❏ |
| 2. | Tower of London | ❏ |
| 3. | Tower Bridge | ❏ |
| 4. | HMS Belfast | ❏ |
| | | |
| 6. | St. Paul's Cathedral | ❏ |
| 7. | Westminster Abbey | ❏ |
| 8. | Palace of Westminster | ❏ |
| 9. | Covent Garden | ❏ |
| 10. | Shakespeare Globe Theatre | ❏ |
| 11. | Buckingham Palace | ❏ |
| 12. | St. James Palce | ❏ |
| 13. | Nelson Monument | ❏ |
| 14. | Trafalgar Square | ❏ |
| 15. | Pall Mall | ❏ |
| 16. | Somerset House | ❏ |
| 17. | City of London | ❏ |
| 18. | Madame Tussauds | ❏ |
| 19. | Tate Gallery | ❏ |
| 20. | Maritime Greenwich | ❏ |
| 21. | British Museum | ❏ |
| 22. | Regent Park | ❏ |

23. Hyde Park ❏
24. Speakers' Corner ❏
25. Wellington House ❏
26. Piccadilly Circus ❏
27. Victoria & Albert Museum ❏
28. National Portrait Gallery ❏
29. China Town ❏
30. Hamley's ❏
31. Changing of the Guards ❏
32. Horse Guards ❏
33. London Dungeon ❏
34. Kew Gardens ❏
35. Hampton Court ❏
36. Windsor Castle ❏
37. ....................................................
38. ....................................................
39. ....................................................

Wow – wir haben aber ganz schön viel gesehen!

Yes, and thank you Max, we had a great time together!

# Hier findest du die Auflösung

**Seite 9:** 11 Linien und zwei Vorortelinien /6 Zonen

**Seite 13:** Household Cavalry Regiment auch the Guards genannt/ Bärenfellmütze

**Seite 17:** Machine Gun Corps Memorial/ Royal Artillery Memorial/ Australian War Memorial /New Zealand War Memorial

**Seite 19:**
Trooping of the Colour: Jedes Jahr wird im Juni eine Militärparade zu Ehren des Geburtstages des jeweiligen britischen Monarchen, derzeit Queen Elizabeth II statt.
Unter „Changing of the guards" versteht man den Wachwechsel der Leibgarde der Königin

**Seite 20:** Aktuelle Frage: Lösung durch die Begleitperson erfragen

**Seite 21:** His/ Her Majesty's ship

**Seite 28:** offene Suchfrage/ Florence Nightingale hat die Krankenpflege revolutioniert. Sie hat neue Richtlinien für die Hygiene und für die Betreuung der Patienten eingeführt.

**Seite 29:** 1)TEN; 2) POUND,3) CROWN, 4) QUEEN,5) HORSE; Lösungswort: TOWER

**Seite 32:** 1066 Wilhelm der Eroberer/ 1953 Elizabeth II

**Seite 33:** Mary und Elizabeth/ Königin Victoria regierte von 1837-1901

**Seite 36:** in dieser Reihenfolge Katharina von Aragon/ Anna Boleyn/ Jane Seymour /Anna von Clèves /Katharina Howard /Katharina Parr

**Seite 39:** offene Frage/ Hieroglyphen/
Antwort 3: Jean-Francois Champollion

**Seite 42:** Traitor's Gate/ Zwei Neffen des späteren König Richards wurden hier eingesperrt und sind spurlos verschwunden/ In der Krone von Königin Elizabeth Mutter wurde der 110 Karätige Stein verarbeitet/ Königin Victoria
Der goldene Krönungsring/ Das Zepter mit dem Kreuz/
Imperial State Crown

**Seite 43:** Anne Boleyn

**Seite 45:** 244 Meter

**Seite 47:** Admiral Lord Nelson

**Seite 49:** David Marks & Julia Barfield

**Seite 54:** Fragt nach, Rucksäcke dürfen nur in der Hand getragen werden und nicht am Rücken.

## Impressum und Bildnachweis:

Ausmalfahne: www.flaggen-server.de
Fotos: fotolia.com: Cover, S. 7, S. 10, S. 14, S. 16, S. 18, S. 19, S. 21, S. 22, S. 30, S. 32, S. 38, S. 47, S. 48, S. 49, S. 50, S. 52, S. 54, S. 57
www.piqs.de: S. 8: Ela61, „Illusion", some rights reserved, S. 9: Bosbachos, „London Underground Schild", some rights reserved, S. 10: DMC, „Old Routemaster", some rights reserved; S. 13: erich.werner, „Gardesoldat – ein Muss in London", some rights reserved; S. 21: wbs70 – Marc Funda, „Trafalgar Square, London", some rights reserved;
Alle anderen Fotos: Nicole Ehrlich-Adám
Rätsel, Ausmalbilder und Sudokus zur Verfügung gestellt von:
www.malvorlagen-bilder.de
Text und Idee: Nicole Ehrlich-Adám und Caroline Salzer
Copyright: Nicole Ehrlich-Adám und Caroline Salzer
Illustration: Ursula Simec
Grafische Gestaltung: www.wirgestalten.com

ISBN: 978-3-9503258-0-5
Überarbeitete 5. Auflage 2022, Nele Verlag/Tosaco GmbH
www.globetrotterkids.at

Alle Angaben und Informationen in diesem Reiseführer beruhen auf gründlicher Recherche der Autorinnen. Sollten sich dennoch Fehler eingeschlichen haben, können wir dafür keine Haftung übernehmen. Wir sind aber für Tipps, Anregungen und auch Kritik dankbar. Schreiben Sie uns Ihre Meinung an: office@globetrotterkids.at